NOTES

RÉTROSPECTIVES ET SUPPLÉMENTAIRES

CONCERNANT

L'ESSAI HISTORIQUE ET STATISTIQUE

EN 1832

SUR LA COMMUNE DE SAUTRON

ARRONDISSEMENT DE NANTES.

POST-SCRIPTUM.

Quand nous avons écrit, il y a trente-trois ans, notre opuscule intitulé *Essai historique et statistique sur la commune de Sautron,* c'était l'époque de notre début dans les lettres et l'administration municipale. On eut l'indulgence de nous adresser de nombreux compliments sur ces faibles essais. Mais peu à peu on est revenu à un sentiment plus vrai, et même, aujourd'hui, on reconnaît l'insuffisance de cette brochure. Eh bien ! quel remède à ce mal ?.... Par ma foi, je ne sais !.... Ou refaire en entier cet opuscule, ou sinon ajouter quelques parties de détails qui manquent. Mais ne serait-ce pas refaire cette œuvre, sans proportions sur quelques points. Cependant cette adjonction de quelques parties omises peut seule donner une idée plus exacte et plus générale de cette Commune qui ne manque pas d'un certain intérêt. C'est donc à ce dernier parti que nous croyons devoir nous arrêter, malgré ses inconvénients, plutôt que de tenter une refonte générale, ou sinon la publication de notre grande Statistique sur la Commune, ce qui produirait un volume in-8° de 800 pages au moins, avec un labeur au-dessus de nos forces, en ce moment. Et cette Table des Matières, divisée en vingt chapitres, ne ressemble-t-elle pas, si l'on peut, toutefois, se permettre cette expression hasardée, à un antique manoir aux vingt galeries où sont inscrits les noms plus ou moins marquants des habitants, des cultivateurs, des propriétaires, des curés, des maires, des adjoints, des conseillers, des notaires, des médecins, des instituteurs, des gendarmes, des percepteurs et des châteaux qui ont joué un rôle sur le territoire de cette petite commune.

Curés.

1471 MM. Jehan Charette, recteur de Sautron.
1594 Gaudin, recteur de Sautron.
1603 Mocet, vicaire.
1608 Blandin, vicaire.
1615 Jean Bouchard, vicaire.
1617 Bourget, vicaire.
Huet, vicaire.
Rouault, vicaire.
Lucas, vicaire.

1620	MM. Julien Noël, recteur.
	Dubois, vicaire.
	Huet, vicaire.
	Laurenceau, vicaire.
1629	Dom Allain, recteur.
	Moisan, vicaire.
	Béchenec, vicaire.
	Tabar, vicaire.
	Guérin, vicaire.
1650	Thomas, recteur.
1660	Drouet, vicaire.
	D'Hercé, vicaire.
1667	Thomas, recteur.
1668	Bunel, vicaire.
1675	Herbert, vicaire.
1674	Thomas, recteur.
1675	André Herbert, recteur.
	Bataille, vicaire.
	Lemercier, vicaire.
	Girard, vicaire.
1717	François Herbert, recteur.
1719	Jouanne, vicaire.
	Papet, vicaire.
1720	A. Herbert, recteur.
1723	Busson, vicaire.
1725	Prevost, vicaire.
1727	De Teurquetil, de la Collégiale.
	Pousgard, vicaire.
	Bascher, vicaire.
1734	Chevillard, vicaire.
1735	Chardet, vicaire.
1742	Bouchaud, recteur.
	Legras, vicaire.

*

MM. Bessard de la Chapelle, vicaire.
Barrais, recteur.
1750 Tregret, vicaire.
De Cornullier, vicaire.
Letourneux de l'Epronnière.
1758 Pichelin, vicaire.
René Sebilleau, recteur.
Clemenceau, vicaire.
Rivalon, vicaire.
1764 Samson, vicaire.
De Melient, recteur.
Grigné, vicaire.
1769 J.-J. Olivier, recteur.
Formon, vicaire.
1778 J. Olivier, vicaire.
1791 Frère Aimé, capucin, recteur.
Frère Cyprien, capucin, recteur.
Quennec, vicaire.

. . . .

. . . .

1800 Rabier, curé.
1801 Daniel, curé.
1813 Jean Grasset, vicaire.
1814 Jean Grasset, curé.
1827 Clément Tessier, vicaire.
1852 Clément Tessier, curé.
Lescaudron, vicaire.
Guitteny, vicaire.
1860 Prosper Herbert, curé (1).
1862 Menoret, vicaire.

(1) Nous lisons sur les registres de Sucé, en 1644, le nom de Gabriel Herbert, vicaire ; sans doute ces différentes personnes du nom d'Herbert descendaient de la même souche.

CURÉS INHUMÉS DANS LA VIEILLE ÉGLISE DE SAINT-JACQUES DE SAUTRON.

1717 Messire André Herbert, curé.
1719 Révérend messire François Herbert, recteur.
1742 Discret messire François Barrais, recteur.
1754 Messire Pierre Tregret, vicaire.
1767 Messire René Sebilleau, recteur de Sautron.
1814 Messire Michel Daniel, curé de Sautron.

Mairie de Sautron.

PREMIÈRE MAIRIE. — ANNÉE 1789.

Députés de Sautron, envoyés à l'hôtel-de-ville, à Nantes, le 6 avril.

MM. Joseph Mayet, maître ès-arts, au bourg.
Jean Chatellier, laboureur à bœufs, au Breuil.

PREMIÈRE MAIRIE 1790.

Conseil général de la paroisse.

MM. Thomas Bernard, maire.
Jean Chatellier, procureur de la commune.

Officiers municipaux.

MM. Jacques Cormier.
François Mégraud.

Notables.

MM. Jean-Baptiste Bernard.
Jean Mabit aîné.
Jean Mabit jeune.
Jean Lebeau.
Pierre Brosseau.
Jean Allain.

MAIRES.

1790 MM. Bernard.
1792 Mayet (Joseph), instituteur.
1793 Caillé (Hilaire), instituteur.
1795 Bernard, boulanger.
1796 Mégraud (J.-M.), chirurgien.
1798 Jean-Hilaire Godin, négociant.
1800 De l'Isle du Fief, propriétaire.
1805 Moreau, instituteur.
1807 Joseph Mabit, notaire.
1809 Charles Gesbert, médecin.
1830 L. Phelippes-Beaulieux, avocat.
1833 J. Cormerais, négociant.
1835 Moreau, cultivateur.
1840 Guillaume Mabilais.
1846 R. Poulain des Dodières (1).
1865 J. Chatellier (2).

ADJOINTS.

1792 MM. Jacques Cormier.
1795 Babin.
1798 Ricaud.
1809 M. Coquet.
1830 Lepage
1831 Brodu (Joseph).
1833 Brosseau (Julien).
1842 Lepage.
1844 Mabilais.

(1) Descendant de Robert Poulain, sieur de Gesvres, maire de Nantes en 1575. (*Livre doré* de l'hôtel-de-ville de Nantes.)

(2) Petit-fils de Jean Chatellier, procureur de la commune en 1790.

1846 MM. Dumoulin.
1855 Charles Eon.
1865 Menet (Jean).

CONSEILLERS MUNICIPAUX.

1806	MM. Moreau	1807
	Ricaud (Jean)	1809
	Cormier (Jacques)	1808
	Bernard (Jean)	1813
	Babin (Georges)	1810
	Eon (Toussaint)	1807
1807	Mabit (Joseph)	1809
	Mégraud (François)	1807
	Mabit (Julien)	1813
	Deniau (Michel)	1827
1808	Des Mortiers (Pierre)	1813
	Brosseau (René)	1813
	Rousset (Yves)	1813
	Bernard (Thomas)	1809
1809	Gesbert (Charles-Jean-François)	1838
	Coquet (Michel)	1830
1813	Belliard (Michel)	1830
	Guichard (Toussaint)	1829
	Lebeau (Pierre)	1827
	La Rigaudelle du Buisson	1813
	Rouziou (François)	1831
	Guerchet (Jean)	1831
	Redor (Jacques)	1827
	Menet (Pierre)	1827
	Deniau (Pierre)	1831
1827	Bernard (J.-B.)	1831
1827	Mabit (Jean)	1831
	Brosseau (Julien)	1843

	MM. Bernard (Thomas)	1831
1830	Phelippes-Beaulieux	1837
1830	Lepage (Pierre)	1830
1830	Brodu (Joseph)	1843
1831	Pesneau (François)* (1)	1847
1831	Mabilais (Guillaume)	1851
1831	Biraud (Michel)	1832
1831	Poisson (Auguste)	1832
1831	Herbelin (Claude)	1832
1831	Cormier (Jean)	1832
1831	Chatellier (Julien)	1832
1831	Belloc (Emile)	1832
1831	Rouziou (François)*	1834
1832	Deniaud (Pierre)*	1837
1832	Jarnet (Auguste)*	1834
1832	Redor (Michel)*	1834
1832	Boissière (Jacques-Marie)*	1834
1832	Desmortiers (Pierre)*	1834
1834	Bregent (Aignan)	1843
1834	Boudet (André)	1841
1834	Moreau (Jean)	1842
1834	Besnier (Désiré)	1846
1834	Giroux (Louis)	1841
1834	Brosseau (Pierre)	1842
	Déniau (Pierre)	1852
	Vincent (Alexandre)	1847
	Cormier (François)	1847
	Pesneau (François)	1847
	Brosseau (Pierre)	1852

(1) Les sept membres du Conseil dont les noms sont marqués d'un astérisque, ont fait partie de l'opposition pendant l'administration municipale de 1832 à 1833.

	MM. Navez (Benoist)	1848
1846	Poulain des Dodières	1865
	Boudet (Joseph)	1852
	Moisdon (Pierre)	1852
	Guichard (Thomas)	1852
	Eon (Charles)	1865
	Deniaud (Alexis)	1852
	Minier (Pierre), démissionnaire	1852
	Chatelier (Jean), en fonctions	1852
	Tendron (Pierre), en fonctions	1852
	Mabit (Louis), en fonctions	1852
	Bernard (Pierre)	1852
	Querion (Jean)	1852
	Redor (Michel).	

Liste certifiée conforme à Sautron, 14 mai 1855.

Signé : REBONDIN.

ÉLECTIONS DU 22 JUILLET 1865.

1	Michel Redor	222 voix.
2	Alexis Ricaud	221
3	Jean Querion	220
4	Pierre Mabit	220
5	Pierre Brosseau	218
6	Jean-Baptiste Menet	170
7	Paul Thibaud	170
8	Em. Robert	169
9	Jean Chatellier	169
10	Pierre Bernard	169
11	Louis Gergaud	169
12	Pierre Bretescher	166

Médecins.

1784 MM. Moulinier (Jacques).
1790 Mégraud (Jacques-François).
1836 Navez (Benoist).
1860 Ogée (Mathurin).

Notaires.

1485 MM. Antoine Brossaud, à Bois-Garand.
1560 Jehan Brossaud, à Bois-Garand.
1639 Hervé Secretain, à Bois-Garand.
1655 Hervé Secretain, à Bois-Garand.
1670 François Secretain, à Bois-Garand.
1682 Christophe Secretain, à Bois-Garand.
1700 Julien Deniau, à Sautron.
1716 Julien Secretain, à Sautron.
1750 Jacques Cormier, à Sautron.
1807 Joseph Mabit, notaire à Sautron.
1820 Emile Belloc, notaire à Sautron.
1833 Emmanuel Robert, à Sautron.
1848 Charles Richard, notaire à Sautron.
1850 Jean Bretescher, notaire à Sautron.

Instituteurs tenant pensionnat.

1790 MM. Joseph Mayet, directeur 1790
1795 Hilaire Caillé, directeur 1795
1798 Moreau, directeur 1798

Instituteurs primaires.

1830 MM. Hodé, instituteur 1830
1832 Thoinnel, instituteur 1832
1834 Charrier frères, instituteurs 1834
1836 Mabilais, instituteur 1834
1838 Poirier.

1840 MM. Veuillet.
1844 Bouffard.
1848 Frère Frédéric.
1850 Rebondin.
1858 Boudet 1860
Pauvert 1862
Veuillet 1864

Gendarmerie impériale.

BRIGADE DE SAUTRON, CINQ CAVALIERS, LE CHEF COMPRIS.

1798 MM. Lyon, brigadier.
1815 Grelot, brigadier.
1816 Prevost, brigadier.
1830 Durand, brigadier.
1831 Dieufis, brigadier.
1838 Longuet, brigadier.
1853 Briquet, brigadier.
1855 Larrey, brigadier.
1857 Livry, brigadier.
1858 Higelin, brigadier.
1859 Bouquet, brigadier.
1862 Albert, brigadier.
1865 Georges Loisel, brigadier.

Soldats qui se sont distingués à l'armée.

SOUS LA RÉPUBLIQUE.

Julien Ménard, de Sautron, soldat de la Réquisition en 1793, étant trompette au .. régiment de chasseurs à cheval, fut blessé de plusieurs coups de feu et de sabre, et tomba sous son cheval, en 1798, lors de l'entrée des Français à Zurich. Mais il se remit promptement en selle, sonna la charge, et entra dans la ville à la tête du régiment.

SOUS L'EMPEREUR NAPOLÉON Ier.

Thomas Guichard, natif d'Orvault, fermier au Défaix, en Sautron, était, en 1809, grenadier au 84e régiment de ligne, commandé par le colonel Gambin. Ce beau régiment, à peu près défait alors (il restait 700 hommes), fut assiégé pendant quelques jours à Gratz, en Styrie, et préserva cette ville, non fortifiée, contre les attaques multipliées d'une division autrichienne forte de dix régiments ou 20,000 hommes. Par suite de cet éclatant fait d'armes mis à l'ordre du jour de l'armée, le drapeau, criblé de balles, fut décoré de la croix d'honneur, et portait pour devise : *Un contre dix.* Le colonel voulut nommer Guichard sergent, mais ce brave grenadier refusa ce grade, par modestie.

Pierre Deniaud, de la Pépinière, en 1815, sergent au 5e régiment de l'artillerie de la garde impériale, étant à la bataille de Waterloo, continua le service de ses pièces sous le feu des Anglais et des Prussiens jusqu'à la fin de la bataille, et tomba grièvement blessé parmi ses camarades morts et mourants.

SOUS NAPOLÉON III.

Pierre Lemerle, caporal au 7e régiment de ligne, étant, en 1854, à Andrinople, où il faisait partie des armées anglo-françaises, préféra abandonner ses galons pour suivre de suite, comme simple soldat, l'armée expéditionnaire, destinée à la conquête de la Crimée et au siége de Sébastopol. A la bataille de l'Alma, il fut blessé grièvement à la cuisse gauche, lui, dixième parmi les braves formant l'escorte du drapeau. Depuis, il est rentré dans ses foyers, refusant le grade de sergent, digne récompense de sa conduite sous les drapeaux.

Contribuables au foncier en Sautron.

1 MM. Allais (René).
2 Allais (Jean).
3 Allais (Pierre).
4 Allais (Pierre-Jean).
5 Allusson (François).
6 Allusson (François), héritiers.
7 Allusson (Jacques).
8 Audrain (Jean), Saint-Herblain.
9 Audrain (Jean), Bois-Garand.
10 Audrain (Charles).
11 Audrain (Michel).
12 Audrain (Pierre fils).
13 Audrain (Pierre père).
14 Auray (Leger).
15 Auray (veuve Pierre).
16 Babin (Alexandre).
17 Babin (Georges fils).
18 Babin (Georges père).
19 Babin (Marie).
20 Badion (Jacques).
21 Badion (Julien).
22 Badion (Pierre).

23 MM. Barberelle.
24 Barré (Jacques).
25 Basnier (Pierre).
26 Basnier (Pierre), héritiers.
27 Balard (Jean).
28 Barré (François).
29 Belliard (Jean).
30 Bernier (Jean-Baptiste).
31 Begueneau (Pierre).
32 Bernard (Jean).
33 Bernard (Thomas).
34 Bernard (Pierre-Jacques).
35 Bernard (Pierre).
36 Bernard (Pierre).
37 Bernard (Pierre).
38 Bernard (Charles).
39 Bernard (H.-Bureau).
40 Bernard (Julien).
41 Bernard (héritiers Pierre).
42 Bernard (veuve Julien).
43 Bernard (Pierre).
44 Bernard (Julien).
45 Bernard (Pierre).
46 Bernard (Jean).
47 Bernier (Jean).
48 Bernier (Pierre).
49 Bezier (Julien).
50 Bezier (Jean).
51 Bezier (Jean-François).
52 Bezier (Pierre).
53 Bezier (Pierre) et consorts.
54 Bezier et consorts.
55 Blot (Gabriel).

56 MM. Blot (Jean-Baptiste).
57 Blot (Joseph).
58 Bretescher (Julien).
59 Bretescher (François).
60 Bretescher (Julien-Paul).
61 Bretescher (Nicolas).
62 Bretescher (Paul).
63 Bretescher (Pierre).
64 Bretescher (héritiers Jean).
65 Bretescher (veuve Jacques).
66 Bretescher (Gilles).
67 Bretescher (Pierre).
68 Bretescher (Marguerite).
69 Bretescher (Pierre).
70 Bretescher (Thomas).
71 Bretescher (Jean), notaire.
72 Boudet (Joseph).
73 Boudet (François).
74 Boudet (veuve).
75 Boucher (veuve).
76 Boyer (Louis-Jacques).
77 Briand (veuve Pierre).
78 Briand (veuve Joseph).
79 De Monti (Marie-Martin).
80 Brisais (Pierre).
81 Brodu (Marie).
82 Brodu (veuve Joseph).
83 Brossaud (François-Jean).
84 Brossaud (Jean).
85 Brossaud (Jean).
86 Brossaud (Julien).
87 Brossaud (Julien).
88 Brossaud (Pierre).

89 MM. Brossaud (Thomas).
90 Brossaud (Pierre-Jean).
91 Brossaud (Pierre-Chatellier).
92 Brossaud (enfants Georges).
93 Brossaud (Pierre), fils de Julien.
94 Brossaud du Moulin.
95 Bretescher (Julien).
96 Chaillou de l'Etang.
97 Cassard (veuve Pierre).
98 Chatellier (Jean).
99 Chatellier (François).
100 Chatellier (Jean).
101 Chatellier (veuve Julien).
102 Charles (veuve Julien).
103 Chatellier (Julien).
104 Chatellier (Marie).
105 Chatellier (Pierre).
106 Chatellier (veuve Marie).
107 Chatellier (Pierre).
108 Chatellier (veuve Julien).
109 Chatellier (veuve Lebeau).
110 Chauvin (Pierre).
111 Chedorge (Jean).
112 Chedorge (veuve Pierre).
113 Chedorge (Jacques).
114 Chedorge (Jacques), mineurs.
115 Choimet (René-Jean).
116 Choimet (Michel).
117 Choimet (veuve Michel).
118 Choimet (Jean).
119 Civel (Julien).
120 Civel (Pierre).
121 Clément (Charles).

122 MM. Clément (Jean-François).
123 Commune.
124 Cormerais (Louis).
125 Cormerais (Jean).
126 De Monti (Martin-François).
127 Des Mortiers (Guillaume).
128 Des Mortiers (héritiers Jean).
129 Denaud (Joseph).
130 Déniau (Jean).
131 Déniau (Joseph).
132 Deniau (Alexis).
133 Deniau (Joseph).
134 Deniau (François).
135 Deniau (Jean).
136 Deniau (Alexis).
137 Deniau (Alexis-Jean).
138 Deniau (Alexis).
139 Deniau (Jean).
140 Deniau (enfants Alexis).
141 Deniau (Pasquier).
142 Deniau (Jean).
143 Deniaud (Jean).
144 Deniau (Jean).
145 Deniau (Joseph).
146 Deniaud (Pierre).
147 Deniau (René).
148 Deniau (François).
149 Deniau (François).
150 Des Mortiers (Pierre).
151 Des Mortiers (Pierre), consorts.
152 Desservant, usufruitier.
153 Doré-Graslin (Philbert).
154 Doucet (Pierre).

155 MM. Drouin (Auguste).
156 Ducoin (Julien).
157 Dufrêne (Honoré).
158 Du Poëte (Pierre).
159 Ducoin (Marie).
160 Durand (Joseph).
161 Durand (Pierre).
162 Durand (veuve René).
163 Duret (Augustin).
164 Eon (Charles).
165 Fabrique de Sautron.
166 Fief du Bois-des-His.
167 Fief des Roulières.
168 Fortune (Louis).
169 Foucault (Ludovic).
170 François (Stanislas).
171 Choimet (Louis), mineur.
172 Galbaud Dufort.
173 Garnier (Louis).
174 Gerard (Julien).
175 Gerard (Thomas).
176 Giquiau (Julien).
177 Giquiau (Olivier).
178 Giquel (Henry).
179 Giquiau fils.
180 Goisbon.
181 Goullière.
182 Goupille frère.
183 Guerchet (Jean).
184 Guerchet (Jean).
185 Guerchet (veuve Jean).
186 Guichard (Pierre).
187 Guichard (Jean).

188 MM. Guichard (Thomas).
189 Guichard (Toussaint).
190 Guichard (René).
191 Guichard (Thomas-Jean).
192 Guichard (Jean).
193 Guichard (héritiers Jean).
194 Guichard (veuve Thomas).
195 Guillard (veuve Jean).
196 Guillard (Sébastien).
197 Guillard (François).
198 Guillard (Pierre).
199 Guichard (Jean).
200 Guichard (Toussaint), consorts.
201 Hardi (veuve Jacques).
202 Hersart (Louis).
203 Hubon (André).
204 Hubonnière.
205 Jahan (Jacques).
206 Jallais (Jean fils).
207 Jallais (Jean père).
208 Jallais (Pierre).
209 Jallais (Julien).
210 Jarnet (Marie-Rose).
211 Jarnigaud (Marie).
212 Joulain (François).
213 Joulain (Jean).
214 Jubineau (François).
215 Karcher (veuve).
216 Kibouse (Guillaume).
217 Landais (Louis).
218 Landais (Giles).
219 Laudais (Maurice).
220 Lafonds (veuve).

221 MM. Lasne (enfants).
222 Lasne (Julien).
223 Lasne (Pierre).
224 Lasne (Perrine).
225 Lasne (Modeste).
226 Lebeau (Jacques).
227 Lebeau (enfants).
228 Lebeau (Pierre).
229 Lebeau (Pierre).
230 Lebreton aîné.
231 Le Breton (veuve Jacques).
232 Le Corsier (veuve Jacques).
233 Lefeuvre (Guillaume).
234 Lefeuvre (Joseph).
235 Lefort (Mathurin).
236 Le Maraisquer.
237 Lemerle (Michel).
238 Lepage (veuve Augustin).
239 Lepage (Pierre).
240 Leray (Julien).
241 Leroy (Jean).
242 Logeas (Louis).
243 Olivier (Julien).
244 Louet (Gabriel).
245 Luneau (Hercule).
246 Mabilais (Guillaume).
247 Mabilais (Olivier).
248 Mabit (héritier Jean).
249 Mabit (héritier Jean).
250 Mabit Mabilais.
251 Mabit (veuve Julien).
252 Mabit (François).
253 Mabit (enfants Pierre).

254 MM. Mabit (Pierre), fils Jacques.
255 Mabit (Pierre), fils Joseph.
256 Mabit (Pierre), fils Jean.
257 Mabit (Pierre), héritier Thomas.
258 Mabit (Pierre-Joseph-Jean).
259 Mabit (Louis).
260 Mabit (Pierre).
261 Mabit (Jean).
262 Mabit (Marie).
263 Mabit (Olivier).
264 Mabit (Pierre-Rouziou).
265 Mabit (Joseph).
266 Mabit (Perrine).
267 Mabit (Jean).
268 Mabit (Pierre).
269 Mabit (Jean).
270 Maillard (Pierre).
271 Martin (Henry).
272 Martin (Jean).
273 Martin (Julien).
274 Martin (Anne).
275 Mégraud (Jean).
276 Menager (Jean).
277 De Melient.
278 Menet (Pierre).
279 Menet (François).
280 Menet (Julien).
281 Menet (héritier Pierre).
282 Menet (héritier René).
283 Menet (héritier Pierre).
284 Menet (héritier René).
285 Menet (veuve René).
286 Menet (héritier René).

287 MM. Menet (Pierre fils).
288 Menet (Jean-Vallée).
289 Menet (François-Guillaume).
290 Menet (Pierre).
291 Menet (Jean-Baptiste).
292 Menet (Pierre-Guichard).
293 Métayer (enfants René).
294 Moisdon (veuve Pierre).
295 Moquet (veuve Laurent).
296 Moreau (Jean).
297 Morin (Pierre).
298 Olivier.
299 Oresve (Jean).
300 Paillusseau (Alexis).
301 Paillusseau (Louis).
302 Paillusseau (enfants Allain).
303 Pasquier (Jean).
304 Pasquier (Julien).
305 Pasquier (Jeanne).
306 Pasquier (Antoine).
307 Pasquier (Jean).
308 Pasquier (Pierre).
309 Pasquier (Yves).
310 Pasquier (Joseph).
311 Pasquier (fils Thomas).
312 Pasquier (Jean), fils Thomas.
313 Pasquier (Pierre).
314 Pasquier (François).
315 Pasquier (Julien).
316 Pasquier (Jeanne)
317 Pasquier (Jean).
318 Pasquier (Julien).
319 Patras (Théophile-François).

320 MM. Pesneau (Jean).
321 Pesneau (veuve François).
322 Pesneau (Rose).
323 Pesneau (Jean).
324 Pesneau (veuve François).
325 Pesneau (Alexis).
326 Phelippes-Beaulieux (Louis).
327 Phelippes-Beaulieux (Sophie).
328 Pillet (Jeanne).
329 Pinel (Louis).
330 Pinel (Pierre).
331 Pierre (Jean-Louis)
332 Piou (Allain).
333 Prampart (Jean).
334 Prampart (Julien).
335 Praud (Michel).
336 Primaudière.
337 Poulain des Dodières (Robert).
338 Querion (veuve Louis).
339 Querion (héritiers Francis).
340 Querion (André).
341 Querion (Jean).
342 Radigois (Alexis).
343 Radigois (Pierre).
344 Redor (Michel).
345 Redor (Pierre).
346 Redor (Pierre).
347 Redor (Pierre-Marie).
348 Ricaud (Jean).
349 Ricaud (Alexis).
350 Ricaud (Pierre).
351 Ricaud (Pierre fils).
352 Ricordeau (Julien).

353 MM. Ricordeau (Julien-Pierre).
354 Ricordeau (Pierre).
355 Ricordeau (Jean-Marie-Etienne).
356 Robert (Jean).
357 Robert (Pierre).
358 Robert (Emmanuel).
359 Rouault (Joseph).
360 Rouault (Jean-Pierre).
361 Rousset (Alexis).
362 Rouziou (Jean).
363 Salmon (François).
364 Saulny (Julien).
365 Simon (Pierre).
366 Soliman (Jean).
367 Talbot (Pierre).
368 Talbot (Julien).
369 Tasseau (Pierre).
370 Tendron (Louis).
371 Tendron (Jean).
372 Tendron (Pierre).
373 Tendron (François).
374 Thebaud (Marie).
375 Turpin (veuve Jean).
376 Urien, héritiers.
377 Vallée (Joseph).
378 Vallée (Jean).
379 Vannier (Jules).
380 Verne.
381 Viaud (Pierre).
382 Viaud (Julien).
383 Viaud père.
384 Viaud (Jean fils).
385 Vigneron de la Jousselandière.

386 MM. Vincent (Noël).
387 Vincent (Louis).
388 Vincent (Alexandre-André).
389 Vincent (Julien).
390 Vincent (Alexandre).

Suivant la liste précédente des contribuables au foncier, les familles les plus nombreuses sont :

28 personnes, famille Mabit.
17 — Bernard.
15 — Bretescher.
14 — Deniaud.
13 — Brossaud.
12 — Menet.
11 — Pasquier.
5 — Lasne.

La famille Lasne est la plus ancienne, et elle remonte vers le milieu du XIVe siècle. Puis ce sont les familles Brossaud et Mabit qui remontent vers la fin du XIVe siècle. Toutes les trois sont inscrites dans les aveux rendus au prieuré de Notre-Dame-de-Bois-Garand.

Noms de MM. les percepteurs.

1797 MM. Bernard (Jean-Baptiste).
1800 Belliard (Michel).
1803 Lizet.
1815 Grassal.
1824 De Boiscorbeau.
1831 Réal (Amand).
1855 Moncousu (Algésiras).
1864 Courtade.

Domaine de l'évêché de Nantes.

ÉGLISE, CURE, JARDIN, DOMAINES DIVERS, VICAIRIE ET FORÊT.

Noms des évêques, seigneurs de Sautron.

1274 MM. Guillaume de Verne.
1278 Durand.
1293 Henry II Calistria.
1297 Henry III.
1305 Daniel Viguier.
1338 Barnabé de Rochefort.
1359 Robert.
1366 Simon de Longres.
1384 Jean de Montrelais.
1391 Bonabes de Rochefort.
1397 Bernard du Perron.
1404 Henry le Barbu.
1420 Jean de Châteaugiron.
1443 Guillaume de Châteaugiron.
1462 Amaury d'Acigné.
1477 Pierre Duchaffaud.
1487 Guillaume Guegen de Lamballe.
1488 Pierre d'Epinay.
1493 Jean d'Epinay.
149 Guillaume Guegen.
1506 Robert Guibé.
1514 François Hamon.
1541 Louis d'Acigné.
1542 Jean de Lorraine.
1550 Charles de Vendôme.
1554 Antoine de Crequy I.
1560 Antoine de Crequy II.

1598 MM. Phelipes du Bec.
1607 Jean du Bec.
1610 Charles de Bourgneuf.
1615 Henry de Bourneuf.
1622 Phelipes de Cospéan.
1633 Gabriel de Beauveau.
1668 Giles le Blanc de la Beaune.
1677 Henry de Beauveau.
1717 Henry de la Vergne de Tressan.
17.. Christophe Turpin de Crissé.
17.. Pierre III Mauclerc de la Musanchère.
1774 Auguste Frétat de Sarra.
1783 Eutrope-Charles de la Laurencie.

Fiefs ou tenures à rentes.

1 Fief Perruche Bretonnelle.
2 Fief Rosti.
3 Fief de la Barbotière.
4 Fief Bernard-Durance.
5 Fief Bignon-Béar.
6 Fief de la Vieille-Noë.
7 Fief de la Herguenière.
8 Fief Guiheneuc.
9 Fief de la Renaudière.
10 Fief de la Chezinière.
11 Fief de la Refoulière.
12 Fief de la Bignonnière.
13 Fief Chévillon.
14 Fief de la Grande-Poissonnière.
15 Fief de la Petite-Poissonnière.
16 Fief Guigne de la Goulière.
17 Fief de la Noë-de-la-Croix.

18 Fief de la Gaudinière.
19 Fief de la Pépinière.
20 Fief de Chair-de-Porc.
21 Fief de la Grivière.
22 Fief Nouvelle-Prinse-de-la-Forêt.
23 Fief du Moulin-de-l'Evêque.
24 Fief de la Pinsardière.
25 Fief du Gué-Piau.
26 Fief de la Thomasière.
27 Fief des Landes.
28 Fief de la Hubonnière.

Terres et lieux anoblis.

Lieu noble et dépendances de la Thomasière.
Lieu noble et dépendances de la Grande-Noë.
Lieu noble et dépendances du fief Rosti.
Lieu noble de la Garenne.
Lieu noble et dépendances des Croix.
Lieu noble de la Chevaleraie ou Doussay.
Lieu noble de la Chevrolière.
Lieu noble de l'Aubépin.
Lieu noble du Defaix.
Lieu noble du Champ-Quartier.
Lieu noble et dépendances de la Trourie.
Lieu noble et dépendances de la Haute-Forêt.
Lieu noble de la Grée.
Lieu noble du Bois-Thoreau, ancien domaine des ducs et d'Anne de Bretagne, reine de France.

Noms des châteaux, manoirs, maisons de plaisance et des propriétaires.

Le lieu nommé les Croix apparaît au sommet d'une

colline qui penche au Midi sur les vallons du Cens ; et ce manoir, aux blanches et hautes murailles parmi un fouillis verdoyant de châtaigniers, de chênes, de pins, de peupliers, d'ormes et de platanes, est garanti par cette belle et luxuriante végétation contre la violence des vents de la rafale. L'horizon est peu étendu, et l'atmosphère d'une salubrité remarquable. Le sol se montre favorable à la culture des fruits et des légumes, de la vigne, du bois et des prés.

Sur la carte de France, n° 104, dressée par MM. les officiers de l'état-major, ce lieu est désigné sous le nom du *château* des Croix. Dans les anciens titres, il est désigné sous divers noms, tels que : l'Hébergement de la Noë-de-la-Croix, le fief de la Noë-de-la-Croix, le *château* des Croix.

En 1440, ce domaine appartenait à messire de Jars et à dame Isabelle Flandrin, son épouse.

En 1464, à Gilles Mabit.

En 1594, à dame Julienne Mabit, épouse de sire Jean Riote, sur la paroisse de Saint-Nicolas de Nantes.

En 1620, à Raoul Riote, marchand à Nantes.

En 1641, à noble homme Jacques Guérin, secrétaire du roi et seigneur des Croix.

En 1645, à écuyer François, de la Garde de la Rive, seigneur des Croix, conseiller au présidial de Nantes.

En 1677, à messire Jacques Fremon, seigneur du Bouffay et des Croix, Conseiller au présidial et soixante-quatrième Maire de Nantes.

En 1688, à dame Anne Busson, veuve de messire Jacques Fremon du Bouffay et des Croix.

En 1705, à messire Jacques Fremon, conseiller à la Chambre des Comptes de Bretagne.

En 1730, à demoiselle Anne Fremon du Bouffay, dame des Croix.

En 1768, à messire Charles de Valleton, seigneur de la Barossière et des Croix.

En 1782, à messire Charles-Philippe de Valleton, capitaine de dragons au régiment de la reine, seigneur des Croix, du Temple, de Maupertuis, de Chamballan, de Doulon, du Désert, du Doué-Garnier et autres lieux.

En 1791, à M. Simon Phelippes, ancien négociant au Port-au-Prince, île et côte de Saint-Domingue. (Vente par acte authentique au rapport de Me Varsavaux de Henlé, notaire à Nantes) (1).

En 1795, à ses deux enfants, M. et Mlle Phelippes-Beaulieux.

En 1835, à M. Phelippes-Beaulieux (Louis), ancien avocat, ex-maire de la commune, et membre de plusieurs sociétés savantes.

LE FIÉ, LE FIEF OU LE FIEF ROSTI.

Ce manoir se dresse sur un sol plat, peu éloigné de deux étangs dont l'un est devenu à sec, et d'une pièce d'eau. Le manoir avec sa tourelle terminée par une pointe en fer portant une girouette carrée de

(1) Ce bon M. Simon Phelippes, si renommé par son grand cœur et ses nobles sentiments; toujours irréprochable dans la vie privée et dans la vie publique, sous le soleil des Antilles comme sur le sol de la France, ne semble-t-il pas avoir pris pour modèle cette antique famille des Fremont du Bouffay, dans ses nombreux bienfaits.... Aussi la mort déplorable de cet homme de bien, le 19 janvier 1795, devint-elle pour sa famille un deuil perpétuel, et causa-t-elle un profond chagrin parmi ses nombreux amis.

***

banneret, peut remonter aux premières années du XVIe siècle. Cet antique domaine, depuis cinquante ans, a passé par les mains de nombreux propriétaires et il a été morcelé peu à peu. Aujourd'hui, ce manoir ne possède plus, comme dépendances, que deux cours, un jardin, un verger et une vigne. C'est donc une terre à refaire en entier, pièce par pièce, c'est-à-dire en payant des prix énormes.

Sur la carte de France, n° 104, dressée par MM. les officiers de l'état-major, au bureau de la guerre, la terre du Fief est désignée sous le nom du *château* du Fief.

En 1565, cette terre appartenait à messire Michel Loriot, seigneur du Fief, échevin à la mairie de Nantes.

En 1577, à messire Michel Loriot, seigneur du Fief et maire de Nantes.

En 1609, à messire Jean Loriot, seigneur du Fief.

En 1639, à dame Isabelle Loriot, femme de messire Martin de l'Isle.

En 1690, à écuyer Guillaume de l'Isle.

En 1716, à écuyer Martin de l'Isle.

En 1720, à écuyer Joseph de l'Isle.

En 1760, à écuyer François de l'Isle.

En 1794, à François-Marie-Aignan de l'Isle.

En 1816, aux mineurs de l'Isle, Léonide, Francis et Jules.

En 1820, à M. Auger, colon de l'Amérique du Sud.

En 1825, à M. Mitteau, propriétaire.

En 1829, à M. Claude Herbelin, courtier.

En 1834, à M. Galbaud du Fort.

En 1844, à M. François Bézier, propriétaire.

THOMASIÈRE.

La Thomasière se présente au Levant à mi-côte sur une colline, non loin des limites de Sautron et d'Orvault. Malheureusement il n'y a aucun chemin pour y parvenir, et c'est là le plus grand défaut de ce domaine. Assez bien placé et d'un sol de très bonne qualité, sur une côte qui domine les vallons d'Orvault, dans la partie orientale ; les bâtiments tombent en ruines sur toutes les fermes ; c'est une reconstruction complète à faire.

Sur la carte de France, n° 104, de MM. les officiers de l'état-major au bureau de la guerre, la Thomasière est désignée sous le nom du *château* de la Thomasière. La Thomasière était possédée en 1572, par messire de Charette, seigneur de la Thomasière.

En 1682, messire Lémarié.

En 1691, dame Jeanne, Martin et François Guillon, sieur de la Thomasière.

En 1700, écuyer Pierre Olivier.

En. . . du Tertre, sieur du Bignon.

En 1780, Jean de la Borde, procureur du présidial à Nantes.

En 1820, Bachelier de Bercy.

En 1856, Noël Vincent, négociant à Nantes.

MANOIR DE LA GRANDE-NOE.

C'est la plus belle des situations de cette commune ; de cette éminence la vue est très étendue et plonge à l'Est et à l'Ouest sur les vallons du Cens. Ce lieu mérite plus que tout autre une belle reconstruction dans le genre moderne, qui puisse ajouter encore aux beautés des sites des environs. On découvre Nantes et les rives de la Loire. L'air est pur et le sol excellent pour la production des fruits et des légumes. Sur la carte de l'état-major, n° 104, au bureau de la guerre, ce manoir ne figure pas avec le titre de château qu'il mérite aussi bien que les autres domaines de la commune. La Grande-Noë était au nombre des lieux anoblis. Dans les anciens titres, on lit la Noue, ou la Grande-Noue, ou la Noë. Ce domaine appartenait :

En 1425, à messire de Beauchêne, seigneur du Doussay ou Chevaleraie et de la Noë.

En 1430, à messire de l'Isle, seigneur de la Noë.

En 1480, à messire Laurent, sieur de l'Isle.

En 1564, à messire Yves Rocas, seigneur de la Noë.

En 1568, à messire François Loriot, seigneur de la Noë.

En 1607, à messire François Luzeau, seigneur de la Noë.

En 1641, à messire Pierre Guérin, seigneur de la Grée.

En 1683, à messire Claude Loriot, seigneur de la Noë.

En 1750, à messire Mosnier, sieur de Bayonne.

En 1794, à dame Marie-Sophie Mosnier de Bayonne, épouse de M. le Chevalier Urbain de Bois-David.

En 1809, à M. Charles-Jean-François Gesbert, médecin.

En 1835, à M. Désiré Besnier, négociant.

En 1846, à M. Hercule Luneau, négociant à Nantes.

MOULINS DE L'ÉVÊQUE OU LES MOULINS A EAU DE SAUTRON.

Cette usine paraît remonter par son origine au VIe siècle, c'est-à-dire au temps de Saint-Félix, évêque et gouverneur de Nantes auquel on doit en outre trois moulins qu'on présume de la même époque et dont on voit encore les ruines sur les dépendances de la Bretonnière : le Reculereau du moulin Moret; au Gué-des-Goulets, les ruines du moulin de Noë; et enfin, à l'Ouest de la Roulière, les ruines du moulin Vieux, au Midi des prés de l'Etang et proche le taillis de la Refoulière.

Celui de ces quatre moulins qui reste, est dans le lieu le plus romantique qu'on puisse désirer sur le bord de son lac formé par les eaux de la petite rivière du Cens. Cette usine a été plusieurs fois la proie des flammes en 15... et en 1856, mais elle est devenue toujours plus utile aux intérêts de la commune et des populations voisines.

Les moulins de l'Evêque, sur le fief de la Gaudinière, ont appartenu à de nombreux propriétaires et à diverses industries, savoir :

En 1537, à messire Antoine de Crequy, évêque de Nantes; mouture des céréales.

En 1556, à messire Jacques Poyet, seigneur de la Botardière, en Couëron; mouture des céréales.

En 1670, à Jean Baudry ; papeterie.

En 1677, à Pierre Gallouin; papeterie.

En 1688, à Pierre Piveteau ; papeterie.

En 1700, Julien Bernard, papeterie.

En 1709, René Bernard ; foulonnerie.

En 1726, Belteau; foulonnerie.

En 1750, Desmats; mégisserie.

En 1780, Pierre Roussière; foulonnerie.

En 1788, Jean-Hilaire Godin; meunerie.

En 1800, Bronnais ; mouture des blés.

En 1804, Loire; mouture des blés.

En 1807, Frédéric Karcher; minoterie.

En 1825, Auguste Poisson; filature de laines.

En 1833, Abadie; filature de cotons.

En 1840, Le Seurre; fabrique de ouates.

En 1848, Péan; filature de cordages.

En 1853, Miozet; mouture des bois de teinture. (Incendie, 26 juillet 1856.)

En 1858, Giquel et Robert; mouture des blés.

Cette usine, par son étang, alimenté au moyen des eaux du Cens, sera toujours recherchée pour les industries nouvelles qui naissent des besoins et de l'usage de l'époque. Elle appartient à Mlle Sophie Phelippes-Beaulieux, propriétaire d'autres domaines en la commune.

LE BOIS-THOREAU.

Cet antique manoir de nos ducs est assis dans la fertile coulée du ruisseau le Rieux, en face de deux étangs. Il est au centre d'un parc aux murs crénelés; le bâtiment actuel est une reconstruction qui remonte vers 1837. C'était jadis un manoir ou pavillon de chasse, avec dépendances, pour les grandes chasses, les chevaux, les chiens, les valets, les gardes et les piqueurs, avec d'autres logements pour les ducs et les seigneurs de leur suite.

Sur la carte de France, n° 104, dressée par MM. les officiers de l'état-major au bureau de la guerre, ce lieu est désigné sous le nom de *château* du Bois-Thoreau.

Ce domaine appartenait :

En 1470, à François II, dernier duc de Bretagne.

En 1489, à Anne de Bretagne, reine de France.

En 1492, à Pierre Martin.

En 1495, à Jehanne Geffriou et à Pierre Mabit.

En 1585, à messire François Garreau, seigneur du Bois-Thoreau.

En 1600, à messire Roland de l'Isle, seigneur du Dreneuc.

En 1778, messire Jean de l'Isle, seigneur du Dreneuc.

En 1783, écuyer Pierre de l'Isle, chevalier du Dreneuc, seigneur du Bois-Thoreau.

En 1796, M. Pître de l'Isle du Dreneuc et demoiselle Emérance de l'Isle du Dreneuc.

En 1826, M. Auguste Palis, propriétaire.

En 1828, Louis Giroux, négociant.

En 1844, Robert Poulain des Dodières.

LA BRETONNIÈRE.

Jadis, c'était une gentilhommière ; aujourd'hui c'est une ferme. Le nom seigneurial a été porté par plusieurs membres de la famille de Charette, des Loriot, des de l'Isle du Fief, des d'Achon et des Walsh, comte de Serrent, en Anjou. On remarque que tous les prés situés au Nord de la colline sont d'une bonne qualité d'herbages, grâce à la déclivité du sol qui permet facilement les irrigations des eaux grasses, des eaux pluviales et surtout des eaux d'orage.

Ce domaine était possédé :

En 1500, par Charette, sieur de la Bretonnière.

En 1578, par Michel Loriot, seigneur du Fief.

En 1720, écuyer Martin de l'Isle, seigneur du Fief.

En 1780, demoiselle Jeanne-Louise-Adelaïde de l'Isle du Fief.

En 1790, François-Hippolyte d'Achon, chevalier du Jaunet.

En 1815, Alfred-François Walsh, comte de Serrent.

En 1845, Moquet, cultivateur.

En 1854, Noël Vincent, négociant à Nantes.

HAUTE-FORÊT.

Vieux domaine, dont les constructions et la tourelle au Nord annoncent une haute antiquité.

Ce domaine a eu pour propriétaires :

En 1579, Guillaume et Jean Piou.

En 1589, Charles Brossard de la Souchais.

En 1750, Boux de Saint-Mars.

En 1791, François-Martin de Monti de Beaufort.

En 1863, M. du Mesnildot.

BARBOTIÈRE.

Cette exploitation, ou mieux ces deux fermes, réunies en une seule sur la colline, exposition au Midi, est en face de la forêt. Cette terre, bien travaillée, serait d'un bon produit en arbres fruitiers, en céréales et en verdures. On remarque un joli pavillon, aux blanches murailles, à moitié caché par le feuillage.

Les propriétaires de ce domaine sont :

En 1705, écuyer Martin de l'Isle, seigneur du lieu.

En 1790, dame Jeanne-Louise-Catherine de l'Isle

du Fief, épouse d'écuyer Hippolyte d'Achon, chevalier et seigneur du Jaunais.

En 1813, Alfred-François Walsh, comte de Serrent, en Anjou.

En 1840, Bellier, chapelier à Nantes.

En 1844, M. Salliot, avoué à Paimbœuf.

En 1850, Camille Bouchet, chevalier de la Légion-d'Honneur, médecin en chef et directeur de l'hospice général de Saint-Jacques, à Nantes.

LINIÈRE.

Cette jolie maison, à l'extrémité d'un parc, ombragée de beaux arbres, est au Midi, en face du passage de Sautron.

Noms des propriétaires :

En 1790, Jacques-Louis Cormier de la Roche, avocat au parlement de Bretagne, puis juge de paix à Nantes, juge au Tribunal civil de Nantes, et enfin vice-président au Tribunal civil de Nantes en 1815 (1).

En 1818, Mme Angélique Roussel, veuve de M. Cormier de la Roche.

En 1839, Mme Fremont du Fougeray.

Et en 1860, M. Jean-Pierre Bretescher, notaire à Sautron.

Cadastre.

Enfin, le cadastre est venu donner, en 1840, une

(1) Cette famille respectable, s'il en fut jamais, a laissé la mémoire de ses bienfaits distribués sans cesse parmi les plus indigents.

valeur authentique aux diverses qualités des terres à Sautron. Cette opération importante a eu lieu sous la direction de M. Emile Padioleau, l'un des plus habiles géomètres de ce département.

Nouvelles constructions depuis 1840.

Au Nord du Champ-de-Foire, s'élève la nouvelle église, et, comme la précédente, placée sous le vocable de Saint-Jacques-le-Majeur, le patron des meuniers. Aujourd'hui, c'est le vocable de Saint-Jacques et Saint-Philippe. Ce bâtiment est très solide, mais sans architecture gracieuse. Il présente une surface de 40 mètres en longueur sur une largeur de 13 mètres. C'est l'œuvre de patience du révérend M. Clément Tessier, d'abord vicaire, puis curé de Sautron, en fonctions de 1828 à 1860. La tour ou clocher est carrée, et contient une cloche du poids de 606 kilog., et fondue en 1862 par Bollée, fondeur célèbre au Mans. Elle provient d'une quête faite par l'honorable et révérend M. Prosper Herbert, curé, chez les habitants et propriétaires de Sautron et des communes environnantes. Le 14 avril 1863, en présence de M. Herbert et de M. de la Rue du Can, curé d'Orvault, et des autres ecclésiastiques des environs, elle a été baptisée sous les noms de Marie-Jeanne-Désirée. Le parrain est Pierre Batard, et la marraine Marie Bretescher, jeunes enfants distingués dans l'école primaire et aux leçons du catéchisme. Le son de cette cloche est remarquable par son éclat, qui se fait entendre au-delà d'un rayon de 8 à 9 kilomètres, et principalement le long des rives de la Loire.

Cette église a été élevée avec des fonds et des

donations fournis pendant plus de vingt ans par les habitants et les propriétaires avec un zèle admirable, qui a trouvé de nombreux imitateurs parmi les habitants et les propriétaires des communes voisines.

Plus loin, vers le Midi et le milieu du Champ-de-Foire, apparaissent l'école primaire et la mairie, construction de 1850, peut-être un peu chère pour les ressources de la commune sans le secours des fonds de l'administration supérieure.

En 1865, on a reconstruit le presbytère, dans la cour à l'Ouest et en face de la porte cochère. C'est un bâtiment d'une forme agréable, de 10 mètres en longueur sur 8 mètres en largeur avec 8 mètres d'élévation. Cette construction est faite d'après les plans de M. Ogée, arrière-petit-fils de M. Ogée, géomètre des Etats de Bretagne, et auteur du *Dictionnaire historique et géographique* de cette province. La commune ne pouvait fournir, dit-on, que 10,000 fr., somme qui a paru insuffisante pour cette construction. Mais le curé, l'honorable M. Herbert, s'est empressé d'aliéner son modique patrimoine pour les intérêts de la commune. Sautron devra une grande reconnaissance à ce généreux curé, qui montre une telle générosité envers les habitants, et en outre on lui doit encore la restauration de la chapelle du prieuré de Notre-Dame-de-Bois-Garand, sous la direction de M. l'abbé Rousteau, chanoine à la Cathédrale, et de M. Echappé, le célèbre peintre verrier, et l'un des membres distingués de notre Société d'Archéologie de Nantes et de la Loire-Inférieure.

On assure que des lucarnes du grenier de ce presbytère, le point de vue est admirable et surtout dans le bassin si romantique de la vallée du Cens. Au-delà, on distingue la ville de Nantes, et la Loire aux flots limpides, et les coteaux si variés de la rive gauche du fleuve.

Bureau des droits réunis, poudres, tabacs, vins.

Le bureau du débit des poudres, tabacs, vins et eaux-de-vie, fut longtemps établi à Sautron, où il avait pour titulaire, M. Michel Coquet, adjoint à la mairie; puis en 1831, M. Joseph Brodu, adjoint à la mairie. Il s'est accru, vers 1833, du bureau de la déclaration des vins et de la vente de la poudre de chasse et de la poudre à mine; mais ce bureau réclamé par les habitants de Sautron pour avoir siégé dans la commune, a été transporté en Couëron, sur le bord de la route impériale n° 165, de Nantes à Audierne. En 1842, buraliste, Naudeau, ancien brigadier, chevalier de la Légion-d'Honneur; en 1858, Le Sage, ancien gendarme retraité. La commune de Couëron possède donc deux bureaux pour les poudres, tabacs et vins, tandis que Sautron se trouve dépossédé de ce droit; et c'est l'une des plus riches communes et qui n'a pas besoin d'un tel avantage, tandis que Sautron, pauvre et petite commune, en a le plus grand besoin, ne fût-ce que comme la modique récompense de l'homme généreux qui, journellement, fait le sacrifice de ses instants, pour les intérêts de la commune. Espérons donc que cette erreur sera réparée tôt ou tard, et que ce bureau reviendra sur le territoire qu'il occupait précédemment.

Messagerie de Sautron à Nantes

(entreprise Alexandre Vincent et Louis Vincent).

Correspondance : place Bretagne, n° 6; pendant le printemps et l'été, trois voyages avec retour; et, pendant l'automne et l'hiver, deux voyages, le matin et le soir, avec retour. L'activité, la probité et le zèle assurent, à cette utile entreprise, un succès qui doit durer.

Enfin, notre tâche est donc terminée, après un intervalle de trente-trois ans, entre la première partie et les notes rétrospectives, et nous déposons la plume.

Maintenant et pour toujours, villageois de cette commune, habitants du bourg et passage de Sautron, nous vous désirons joie, santé et prospérité à vous et à vos descendants. Mais, en retour, nous croyons que vous penserez quelquefois au vieux maire de votre choix; ce vieux maire que vous avez honoré en outre deux fois de vos suffrages, et que vous trouviez, sans cesse, disposé à soutenir vos intérêts.

Aux Croix, 25 octobre 1865.

TABLE

Nantes, Imp. de Mme ve C. Mellinet, place du Pilori, 5.

www.ingramcontent.com/pod-product-compliance
Lightning Source LLC
LaVergne TN
LVHW012015160826
845678LV00002B/857

* 9 7 8 2 3 2 9 6 6 4 7 7 4 *